하늘 세대를 위한 독송용

관음경

한글 세대를 위한 독송용

관음경

[관세음보살보문품 — 무비 스님 · 조현춘 공역]

운주사

역자 서문

'사람은 어떻게 살아야 하는가?'

이 질문은 인간이 그 역사를 시작하면서부터 품어온 인간존재에 대한 본질적인 문제일 것입니다. 이것은 매우 어려운 문제지만 그러나 쉽게 대답할 수 있는 말은 '사람으로서 가장 사람답게 사는 일'이라고 할 수 있을 것입니다. 그렇습니다. 사람인 이상 무엇보다도 중요하며 우선해야 할 일이 있다면 그것은 사람으로서 가장 사람답게 사는 일입니다.

그렇다면 어떻게 사는 것이 사람으로서 가장 사람답게 사는 일이겠습니까? 그 문제에 대한 올바른 길을 제시하기 위해서 그 동안 수많은 현철들이 세상에 오시어 많은 가르침들을 남겨 놓았습니다. 불교 역시 사람이 사는 올바른 길을 위한 팔만 사천의 가르침을 제시하고 있습니다.

기계 문명의 발달로 인하여 물질을 누리는 삶은 눈부시게 풍요롭고 편리하게 되었으나 '사람으로서 진정 사람답게 사는 것이 무엇인가'라는 문제에서는 실로 그 의문이 적지 않습니다. 이번에 중요 불교 경전을 공역한 대심거사 조현춘 교수님은 심리학을 연구하여 후학들을 가르치는 한편, 행복훈련원을 세워 많은 사람들에게 행복의 길을 안내하는 참으로 소중한 일을 하시는 분입니다.

더구나 근래에는 부처님의 가르침에 심취하여 '화엄경과 화이트헤드'를 공부하는 모임을 지도하고 있습니다. 이 모임을 통해 부처님의 진리, 즉 '사람이 어떻게 하면 진정 사람답게 사는가?'라는 문제의 해답을 한글세대들의 언어로 제시하고 있습니다. 지금까지 한글다운 한글로 "한글세대를 위한 독송용 불경(금강경, 보현행원품, 아미타경, 지장경, 불유교경)"을 출간하였으며, 지금은 법요집과 화엄경을 번역하고 있습니다.

모쪼록 참 진리인 부처님 말씀을 읽고, 그 인연공덕으로 삶의 의미를 깨닫게 되기를 바랍니다.

여천 무비(如天 無比)

일 러 두 기

1. 한글다운 한글로 번역하였습니다.
2. 간단한 설명은 각주로, 긴 설명은 용어해설로 제시하였
   습니다.
3. 결집자의 설명은 흐린 글씨로 처리하여 대화 내용과 구
   분하였습니다.
4. 장과 절을 구분하여 독송이나 설법, 연구를 용이하게 하
   였습니다. 예를 들어, 【2】⑤는 2장 5절을 말합니다.

독경 의식

입으로 지은 업을 씻어내는 진언

수리수리 마하수리 수수리 사바하
(세번)

주위의 신들을 안위하는 진언

나무 사만다 못다남 옴 도로도로

지미 사바하(세번)

경전 독송 전의 게송

높디높고 깊디깊은 부처님말씀
백천만겁 지나가도 듣기힘든데
제가지금 보고들어 지니었으니
부처님의 진실한뜻 이루렵니다.

경전 독송 전의 진언

옴 아라남 아라다(세번)

【1】[1] ① 무진의 보살님께서 자리에서 일어나, 오른쪽 어깨를 드러내고, 합장[2] 공경하며 부처님께 말씀드리셨습니다. ② 부처님이시여! 무엇 때문에 부처님의 제자들께서는 '관세음 보살!'[3]을 합니까? ③ 부처님께서 말씀하셨습니다. 무진의 보살님이시여! 고통을 겪고 있는 한량없이 많은 백천만억

---

1) 새천년 육하원칙(육성취) : 모든 불경은 원칙적으로 "① 누가 ② 누구랑 ③ 언제 ④ 어디서 ⑤ 어떻게 하시는 것을 ⑥ 누가 보고 들었는지의 '새천년 육하원칙'을 모두 성취한 후에" 시작되어야 합니다. 그러나 관음경은 법화경의 일부(관세음보살보문품)이기 때문에 육성취가 나타나 있지 않습니다. 【1】장은 서론입니다.
2) 합장 : 두 손바닥을 마주하여 가슴 앞에 두는 행동을 말합니다.
3) 관세음 보살! : 관세음 보살님의 명호를 염송할 때에는 "나무 관세음 보살님!", "관세음 보살님!" "나무 관세음 보살!" "관세음 보살!"로 염송하며, 일반적으로 "관세음 보살!"로 염송합니다.

중생[4]들이 '관세음 보살!'을 하더라도, 관세음 보살님께서는 모두 듣습니다. ④ 온 마음과 온 몸으로 '관세음 보살!'을 하는 중생들은 모두 모든 고통에서 벗어나게 됩니다.

【2】[5] ① 큰불 속에 들어가게 된 중생이 '관세음 보살!'을 하면, 불에 타지 않게 됩니다. ② 큰물에 떠내려가게 된 중생이 '관세음 보

---

4) 중생 : 육도(하느님세상, 인간세상, 아수라세상, 축생세상, 아귀세상, 지옥세상)를 윤회하는 생명체를 말합니다.
5) 【2】장은 칠난에 관한 장입니다. 칠난은 이하의 ① 화(火) ② 수(水) ③ 풍(風) ④ 검(劍) ⑤ 귀(鬼) ⑥ 옥(獄) ⑦ 적(賊)을 말합니다.

살!'을 하면, 얕은 곳에 이르게 됩니다. ③ 금은보화[6]를 구하기 위하여 먼바다에 나갔다가 태풍을 만나 나찰[7]들에게 잡히게 된 백천만억 중생들 중에서 한 사람이라도 '관세음 보살!'을 하면, 모두 나찰들로부터 벗어나게 됩니다. ④ 칼에 맞아 죽게 된 중생이 '관세음 보살!'을 하면, 칼이 부러지고 벗어나게 됩니다. ⑤ 삼천대천세계[8]

---

6) 금은보화 : 금은을 중심으로 하는 보화 혹은 보물을 말합니다. 범어/중국한어본에는 8가지, 범어/영어본에는 11가지 보물이 제시되고 있습니다. 통상 사보, 칠보를 말하는 것과는 약간 차이를 보입니다.

7) 나찰 : ① 지옥 귀신, 악한 귀신, 식인 귀신, 질병 귀신 등을 말하며, ② 부처님 법의 교화를 받은 후에는 착한 귀신이 되었습니다. 여기서는 교화 받기 전의 나쁜 귀신을 말합니다.

에 가득 찰 정도로 많은 야차9) ·
나찰 등의 악한 귀신들이 괴롭히
려고 하다가도 '관세음 보살!'을 하
는 소리를 들으면 해치지 못하게
되며, 나쁜 마음을 가지고 보지도
못하게 됩니다. ⑥ 죄를 지었거나
죄를 뒤집어쓰고 목에 칼을 차고
몸이 묶이고 손과 발에 고랑을 차
고 감옥에 갇히게 된 중생이 '관세
음 보살!'을 하면, 모든 구속에서

---

8) 삼천대천세계 : 세계는 인간이 인식할 수 있는 우주를 말합니다. 삼천대천세계는 세
　계의 1,000,000,000,000,000,000배 되는 세계를 말합니다.
9) 야차 : ① 포악 귀신을 말하며, 하늘 야차 · 허공 야차 · 땅 야차가 있습니다. ② 부처
　님 법의 교화를 받은 후에는 착한 귀신이 되었습니다. 여기서는 교화 받기 전의 포
　악 귀신을 말합니다.

풀려나게 됩니다. ⑦ 귀중한 보물을 가지고 위험한 길을 가던 많은 상인들이 '삼천대천국토에 가득 찰 정도로 많은 도적떼'를 만났을 때에, 한 사람이 "선남자들이여! 두려워하지 마십시오. 온 마음과 온 몸으로 '관세음 보살!'을 하면, 보살님께서 우리를 구해 주십니다. '관세음 보살!'을 하면 도적들로부터 무사히 벗어나게 됩니다" 라고 말하고, 이 말을 따라 상인들이 모두 큰 소리로 '관세음 보살!'

을 하면, 도적들로부터 벗어나게
됩니다. ⑧ 무진의 보살님이시여!
'관세음 보살!'을 하는 힘은 이렇게
도 큽니다.

【3】¹⁰⁾ ① 탐욕 많은 중생이 '관
세음 보살!'을 하면, 탐욕에서 벗
어나게 됩니다. ② 분노 많은 중생
이 '관세음 보살!'을 하면, 분노에
서 벗어나게 됩니다. ③ 어리석은
중생이 '관세음 보살!'을 하면, 어
리석음에서 벗어나게 됩니다. ④

---

10) 【3】장은 삼독에 관한 장입니다. 삼독은 ① 탐(貪) ② 진(瞋) ③ 치(癡), 즉 탐욕, 분
노, 어리석음을 말합니다.

무진의 보살님이시여! '관세음 보살!'을 하는 중생들은 이렇게도 큰 이로움을 누리게 됩니다. ⑤ 따라서 모든 중생들은 항상 온 마음과 온 몸으로 '관세음 보살!'을 해야 합니다.

【4】[11] ① 아들 낳기를 소원하며 '관세음 보살!'을 하는 여인은 '덕을 잘 심어 사람들의 사랑과 존경을 받는, 복덕과 지혜가 있는 아들'을 낳게 됩니다. ② 딸 낳기를

---

11) 【4】장은 복덕에 관한 장입니다.

소원하며 '관세음 보살!'을 하는 여인은 '덕을 잘 심어 사람들의 사랑과 존경을 받는, 단정하고 아름다운 딸'을 낳게 됩니다. ③ 무진의 보살님이시여! '관세음 보살!'을 하는 힘은 이렇게도 큽니다. ④ '관세음 보살!'을 하면서 지은 복은 헛되는 법이 없습니다. ⑤ 따라서 모든 중생들은 항상 온 마음과 온 몸으로 '관세음 보살!'을 해야 합니다. ⑥ 무진의 보살님이시여! 어떻게 생각하십니까? 육십이억 강가강12)의 모래 수만큼 많은 보살님들의 명호를 온 마음과 온 몸으로 염송하며 음식·의복·침구·의약을 보시하는 선남자 선여인은 많은 공덕13)을 짓는 것입니까? ⑦ 무진의 보살님께서 대답하셨습니다. 부처님이시여! 매우 많은 공덕을 짓는 것입니다. ⑧ 부처님께서 말씀하셨습니다. 무진의 보살님이시여! 온 마음과 온 몸으로 '관세

---

12) 강가강 : ① 인도 현지에서는 강가, ② 영국식 발음으로는 갠지스, ③ 중국 한어에 대한 중국인들의 발음은 강가, ④ '중국 한어에 대한 한국식 발음'으로는 항하입니다. 그래서 '강가강'으로 정리합니다.

13) 공덕 : 세 차원에서 생각할 수 있습니다. ① 착한 행동을 하여 복덕을 쌓음, ② 착한 행동을 하여 쌓은 복덕이 누적되어 있음, ③ 자신의 복덕을 누림 등으로 생각할 수 있습니다.

음 보살!'을 하며 한번이라도 예배 공양하는 선남자 선여인이 짓는 복은 앞의 선남자 선여인이 짓는 복과 꼭 같이 백천만억 겁이 지나도 다하지 않습니다. ⑨ 무진의 보살님이시여! '관세음 보살!'을 하는 사람은 한량없이 많고 끝없이 많은 복을 누리게 됩니다.

【5】[14) ① 무진의 보살님께서 말씀하셨습니다. 부처님이시여! 관세음 보살님께서는 어떻게 사바

---

14) 【5】장은 설법방편에 관한 장입니다.

18

세계[15]를 다니십니까? 중생들을 위하여 어떤 방편으로 어떻게 설법을 하십니까? ② 부처님께서 말씀하셨습니다. 무진의 보살님이시여! 부처님이 제도할 중생에게는 부처님이 되어 설법하고, ③ 벽지불[16]이 제도할 중생에게는 벽지불이 되어 설법하고, ④ 성문[17]이 제도할 중생에게는 성문이 되어 설법하고, ⑤ 범천 하느님 왕[18]이 제

---

15) 사바 세계 : 통상 오탁악세 사바 세계라고 합니다. 오탁(五濁)은 겁탁(劫濁), 견탁(見濁), 번뇌탁(煩惱濁), 중생탁(衆生濁), 명탁(命濁)을 총칭하는 말입니다.

16) 벽지불 : 부처님을 만나지 않고 수행을 통해 스스로 깨달은 사람을 말합니다. 연각 혹은 독각이라고도 합니다.

17) 성문 : 부처님의 설법을 직접 들은 제자들을 말합니다.

18) 범천(왕) : 범왕이라고도 하며, 초선천인 범천 하느님들의 왕을 말합니다.

도할 중생에게는 범천 하느님 왕이 되어 설법하고, ⑥ 제석천 하느님 왕[19]이 제도할 중생에게는 제석천 하느님 왕이 되어 설법하고, ⑦ 자재천 하느님[20]이 제도할 중생에게는 자재천 하느님이 되어 설법하고, ⑧ 대자재천 하느님[21]이 제도할 중생에게는 대자재천 하느님이 되어 설법하고, ⑨ 대장군 하느님이 제도할 중생에게는

---

19) 제석천(왕) : 도리천의 제왕입니다. 천주, 환인, 석제라고 하기도 합니다.
20) 자재천 : 시방 세계를 마음대로 다닐 수 있는 하느님을 말합니다.
21) 대자재천 : 시방 세계뿐만 아니라 허공계까지도 마음대로 다닐 수 있는 하느님을 말합니다.

대장군 하느님이 되어 설법하고, ⑩ 비사문[22])이 제도할 중생에게는 비사문이 되어 설법하고, ⑪ 왕이 제도할 중생에게는 왕이 되어 설법하고, ⑫ 덕망 있는 사람이 제도할 중생에게는 덕망 있는 사람이 되어 설법하고, ⑬ 거사[23])가 제도할 중생에게는 거사가 되어 설법하고, ⑭ 관료가 제도할 중생에게는 관료가 되어 설법하고, ⑮ 바라문[24])이 제도할 중생에게는 바라문

---

22) 비사문 : 야차·나찰을 영솔하여, 북방 하늘을 수호하며 사람들에게 복을 주는 하느님을 말합니다. 북방천 하느님이라고도 합니다.
23) 거사 : 재가 남자 신도를 말합니다.

이 되어 설법하고, ⑯ 남자 스님·여자 스님·남자 신도·여자 신도가 제도할 중생에게는 남자 스님·여자 스님·남자 신도·여자 신도가 되어 설법하고, ⑰ 덕망 있는 사람의 아내·거사의 아내·관료의 아내·바라문의 아내가 제도할 중생에게는 각각의 아내가 되어 설법하고, ⑱ 소년·소녀가 제도할 중생에게는 소년·소녀가 되어 설법하고, ⑲ 하느님·용·야차

---

24) 바라문 : 인도의 사성계급 중 가장 높은 계급을 말합니다.

·건달바·아수라·가루라·긴나라·마후라가 인비인[25] 등이 제도할 중생에게는 각각 그렇게 되어 설법하고, ⑳ 집금강신[26]이 제도할 중생에게는 집금강신이 되어 설법합니다.

【6】[27] ① 무진의 보살님이시여! 관세음 보살님께서는 이렇게 좋은 일을 하십니다. 온갖 모습으로 여러 국토를 다니면서 중생들을 고

---

25) 팔부신중 : 이상을 한꺼번에 말할 때에 팔부신중 혹은 팔부중생이라고 합니다.
26) 집금강신 : 손에 금강저를 들고 불교를 수호하는 신을 말합니다. 지금강, 금강수, 금강역사라고도 합니다.
27) 【6】장은 중간결론의 장입니다.

통에서 구합니다. ② 따라서 모든 중생들은 항상 온 마음과 온 몸으로 관세음 보살님께 공양[28)해야 합니다. ③ 관세음 보살님께서는 모든 고통을 다 없애주고 평화로움과 안전함을 주므로, 사바 세계에서는 관세음 보살님을 '평안을 주는 분'이라고 합니다. ④ 무진의 보살님께서 말씀하셨습니다. 부처님이시여! 관세음 보살님께 공양하겠습니다. ⑤ 목에 걸고 있던

---

28) 공양 : 매우 광범위한 의미를 가지고 있는 말입니다. 간략하게 ① 부처님, 부모님, 스승님, 죽은 이 등께 재물을 바친다, ② 식사한다, ③ 부처님의 가르침을 실천한다 등의 의미가 있습니다.

'수억원이 넘는 목걸이'들을 관세음 보살님께 올리며 말씀하셨습니다. 성현님이시여! 목걸이들을 받아 주십시오. ⑥ 관세음 보살님께서 받지 않으시자 다시 간청하셨습니다. 성현님이시여! 저희들을 불쌍히 여기시어 목걸이들을 받아 주십시오. ⑦ 부처님께서도 말씀하셨습니다. 관세음 보살님이시여! 무진의 보살님과 남자 스님·여자 스님·남자 신도·여자 신도·하느님·용·야차·건달바·

아수라 · 가루라 · 긴나라 · 마후라가 인비인들을 위하여 목걸이들을 받아 주십시오. ⑧ 관세음 보살님께서 사부대중[29]들과 팔부신중[30]들을 위하여 목걸이들을 받아, 절반은 석가모니 부처님께 올리고, 절반은 다보탑에 올리셨습니다. ⑨ 무진의 보살님이시여! 관세음 보살님께서는 이렇게도 많고 많은, 온갖 모습으로 사바 세계를 다니십니다.

---

29) 사부대중 : '남자 스님 · 여자 스님 · 남자 신도 · 여자 신도'를 통칭하는 말입니다.
30) 팔부신중 : '하느님 · 용 · 야차 · 건달바 · 아수라 · 가루라 · 긴나라 · 마후라가/인비인'을 통칭하는 말입니다. 팔부중 혹은 팔부중생이라고도 합니다.

【7】31) 이때에 무진의 보살님께
서 게송을 부르셨습니다.

①

거룩하고 거룩하신 부처님이여
다시한번 저희에게 설해주소서.
어찌하여 모든불자 관세음보살
온마음과 온몸으로 염송하는지.

②

거룩하고 거룩하신 부처님께서
무진의께 대답노래 하셨습니다.
무진의님 관음행을 32) 경청하소서.

---

31) 【7】장은 게송의 장입니다.
32) 관음행 : 관세음 보살은 관자재 보살, 관음 보살이라고도 하며, 관음행은 관세음 보
    살님의 행동을 말합니다.

관음보살 곳곳마다 응하십니다.

③

상상할수 없이긴긴 세월동안을
백천만억 부처님을 모셔받들며
바다같이 깊고넓은 발원을하고
하나하나 빠짐없이 행하십니다.

④

간략하게 보살님께 설명합니다.
관음보살 귀로듣고 눈으로보고
쉬지않고 일심으로 염송을하면
모든고통 벗어나서 해탈합니다.

⑤

해치려는 사람에게 떠밀리어서
깊디깊은 불구덩에 떨어질때에
일심으로 관음보살 염송을하면
불구덩이 변하여서 연못됩니다.

⑥

먼바다에 나갔다가 표류되어서
용과고기 온갖귀신 만났을때에
일심으로 관음보살 염송을하면
바다파도 이사람을 못삼킵니다.

⑦

높디높은 수미산의 봉우리에서

떠밀리어 천길만길 떨어질때에
일심으로 관음보살 염송을하면
해와같이 허공중에 머무웁니다.
⑧

금강같이 산과같이 단단하고큰
운석벼락 머리위에 쏟아질때에
일심으로 관음보살 염송을하면
털끝하나 다치지를 않게됩니다.
⑨

험악하기 그지없는 도적떼들이
창칼들고 위협하며 달려들때에
일심으로 관음보살 염송을하면

도적떼들 자비로운 마음됩니다.

⑩

사형선고 언도받고 사형장에서
칼에맞아 목숨잃게 되었을때에
일심으로 관음보살 염송을하면
목칠칼이 산산조각 끊어집니다.

⑪

구속되어 목칼차고 몸은묶이고
손과발에 고랑차게 되었을때에
일심으로 관음보살 염송을하면
어김없이 시원스레 풀려납니다.

⑫

저주하고 온갖독약 먹도록하고
가지가지 방법으로 해치려할때
일심으로 관음보살 염송을하면
모든것이 이사람을 피해갑니다.

⑬

많고많은 악한나찰 독룡들이나
가지가지 악한귀신 만났을때에
일심으로 관음보살 염송을하면
어느것도 이사람을 못해칩니다.

⑭

해치려는 악한짐승 에워싸고서

날카로운 이빨발톱 두려움줄때
일심으로 관음보살 염송을하면
모든짐승 흩어지며 달아납니다.

⑮

살모사와 독사전갈 온갖해충이
독한기운 불길처럼 내뿜어댈때
일심으로 관음보살 염송을하면
모든해충 소리없이 사라집니다.

⑯

구름일어 천둥번개 벼락이치고
우박큰비 쏟아지고 퍼부어댈때
일심으로 관음보살 염송을하면

모든것이 한꺼번에 사라집니다.

⑰

중생들이 괴로움과 재앙을만나
한량없이 많은고통 겪게됐을때
관음보살 오묘하신 지혜력으로
세상고통 빠짐없이 없애줍니다.

⑱

신통력을 빠짐없이 모두갖추고
지혜방편 두루닦은 관세음보살
시방세계 모든국토 빠트리잖고
자비로운 모습으로 나투옵니다.

⑲

삼악도를 윤회하며 괴로워하는
지옥중생 아귀중생 축생중생의
생로병사 가지가지 모든고통을
관음보살 빠짐없이 없애줍니다.
【8】³³⁾

①

진실하고 친절하고 깨끗하신눈
현명하고 슬기롭고 지혜로운눈
같이슬픔 같이기쁨 자비로운눈
관음보살 일심염송 하겠습니다.

---

33) 【8】장은 무진의 보살님의 찬탄입니다.

②

흠집없이 맑디맑고 청정하신빛
어두움이 전혀없는 지혜의태양
관음보살 세상만물 밝혀주시고
풍화같은 모든재앙 잠재웁니다.

③

대비로써 남의고통 없애어주고
대자로써 남의기쁨 일으켜주며
감로같은 법비내려 중생세계의
모든번뇌 타는불길 멸하십니다.

④

억울하게 재판걸려 어려울때나

전쟁나서 목숨까지 위험할때에
일심으로 관음보살 염송을하면
재판상대 전쟁의적 물러갑니다.
⑤

관음보살 오묘하신 설법소리는
파도같이 범음같이 크고고우며
시방삼세 온세상에 충만하오니
관음보살 염송하여 듣겠습니다.
⑥

의심않고 일심염송 하겠습니다.
거룩하고 거룩하신 관세음보살
모든고통 없애주는 관세음보살

의심않고 일심염송 하겠습니다.

⑦

모든공덕 빠짐없이 두루갖추어

중생들을 자비롭게 돌봐주시고

무량복을 나눠주는 관세음보살

고개숙여 일심예경 하겠습니다.

【9】34) ① 지지 보살35)님께서 자

리에서 일어나, 부처님께 말씀드

리셨습니다. 부처님이시여! 관음

경을 읽거나 듣고, 관세음 보살님

---

34) 【9】장은 총결론입니다. 단일 경전의 경우에는 유통분이 있어야 하지만, 법화경의
일부이기 때문에 유통분이 없습니다.
35) 지지보살 : 천상계의 교주는 천장 보살이고, 지상계의 교주는 지지 보살이며, 명부
계의 교주는 지장 보살입니다.

의 자유자재하신 신통력을 믿는 사람들은 참으로 많은 공덕을 짓는 것입니다. ② 부처님께서 관음경을 모두 설하시니, 팔만 사천 중생들이 모두 최고의 바른 깨달음36)을 이루려는 마음을 내었습니다.

〈한글세대를 위한 독송용 관음경 끝〉

---

36) 최고의 바른 깨달음 : 범어로는 아누다라삼먁삼보리, 중국 한어에 대한 중국인의 발음도 아누다라삼먁삼보리, 중국 한어에 대해 일부 한국인들이 아뇩다라삼먁삼보리로 읽기도 했습니다만, 역자들의 한글세대를 위한 독송용 아미타경(2001)에서 아누다라삼먁삼보리로 분명히 제안했고 조계종 통일법요집(2003)에서도 비슷하게 수정하고 있습니다.

관세음 보살님 정근

모든곳에 빠짐없이 항상계시며
바다보다 깊고넓은 원력으로써
대자대비 모든고난 없애주시는
관음보살 일심으로 염송합니다.

관세음 보살![37) ......

...... 관세음 보살!

---

37) 관세음 보살! : "나무 관세음 보살님!", "관세음 보살님!" "나무 관세음 보살!" "관
세음 보살!" 중 어느 방식으로 염송해도 좋으나 일반적으로 "관세음 보살!"로 염송
합니다.

업장을 소멸하는 진언

옴 아르늑계 사바하(세번)

신통력을 빠짐없이 모두갖추고
지혜방편 두루닦은 관세음보살
시방세계 모든국토 빠트리잖고
자비로운 모습으로 나투웁니다.

관음보살 님의길을 일심으로 가렵
니다.(세번)

觀 音 經 관음경

관음경

鳩摩羅什 古代中國漢語 譯 趙顯春 整理
구마라집 고대중국한어 역 조현춘 정리

중국 한어 일러두기

1. 고려 대장경의 "고대 중국 한어 관음경"을 정리하였습니다.

2. 약자는 정자로 바꾸었습니다.

3. 결집자의 설명은 흐린 글씨로 처리하여 대화 내용과 구분하였습니다.

4. 장과 절을 구분하여 독송이나 설법, 연구를 용이하게 하였습니다. 예를 들어, 【2】⑤는 2장 5절을 말합니다.

淨口業眞言
정구업진언

수리수리 마하수리 수수리 사바
하(세번)

五方內外安慰諸神眞言
오방내외안위제신진언

나무 사만다 못다남 옴 도로도로
지미 사바하(세번)

開經偈
개경게

無上甚深微妙法　百千萬劫難遭遇
무상심심미묘법　백천만겁난조우

我今聞見得受持　願解如來眞實義
아금문견득수지　원해여래진실의

開法藏眞言
개법장진언

옴 아라남 아라다(세번)

46

【1】 ① 爾時 無盡意菩薩 卽從座
① 이시 무진의보살 즉종좌

起 偏袒右肩 合掌向佛 而作是言.
기 편단우견 합장향불 이작시언.

② 世尊, 觀世音菩薩 以何因緣
② 세존, 관세음보살 이하인연

名觀世音? ③ 佛告 無盡意菩薩.
명관세음? ③ 불고 무진의보살.

善男子, 若有無量 百千萬億衆生
선남자, 약유무량 백천만억중생

受諸苦惱 聞是觀世音菩薩 一心
수제고뇌 문시관세음보살 일심

47

稱名, 觀世音菩薩 卽時 觀其音聲
칭명, 관세음보살 즉시 관기음성

④ 皆得解脫.
④ 개득해탈.

【2】 ① 若有持是38) 觀世音菩薩
     ① 약유지시   관세음보살

名者 設入大火, 火不能燒 由是菩
명자 설입대화, 화불능소 유시보

薩 威神力故.39) ② 若爲 大水所
살 위신력고.   ② 약위 대수소

---

38) 고려대장경에는 "若有持是"로 되어 있고, 일부 유통본에는 "若有指是"로 되어 있어
    '지'자가 다릅니다. 이하에서 이런 경우, 고려대장경의 글자를 먼저 쓰고, 고려대장
    경의 글자와 같은 글자는 *로 표시하고, 다른 글자는 표기하였습니다.

39) '由是菩薩 威神力故'를 직역하면 '이 보살의 위대하신 힘으로 인하여'가 되지만, 범
    어/영어본 등을 보면 '관세음 보살!'을 한 위대한 공덕의 힘으로'라고 해야 옳다고
    생각됩니다. 따라서 有持是 觀世音菩薩名者와 함께 '관세음 보살!'을 하면'으로 번역
    하는 것이 좋을 것으로 보입니다.

漂 稱其名號, 卽得淺處. ③ 若有
표 칭기명호, 즉득천처. ③ 약유

百千萬億眾生 爲求金銀 琉璃 車
백천만억중생 위구금은 유리 자

渠 馬瑙 珊瑚 虎珀 眞珠等寶40)
거 마노 산호 호박 진주등보

入於大海, 仮使黑風 吹其船舫 飄
입어대해, 가사흑풍 취기선방 표

墮羅刹鬼國,41) 其中若有 乃至一
타나찰귀국, 기중약유 내지일

---

40) 金銀 琉璃 車渠 馬瑙 珊瑚 虎珀 眞珠等寶 – ** ** 硨磲 瑪* ** 琥* ****. 금은보
   화 참고.
41) 飄墮羅刹鬼國 – 漂*****

人　稱觀世音菩薩名者，是諸人等
인　칭관세음보살명자, 시제인등

皆得解脫　羅刹之難　以是因緣　名
개득해탈　나찰지난　이시인연　명

觀世音. ④　若復有人　臨當被害
관세음. ④　약부유인　임당피해

稱觀世音菩薩名者　彼所執刀杖42)
칭관세음보살명자　피소집도장

尋段段壞　而得解脫. ⑤　若　三千
심단단괴　이득해탈. ⑤　약　삼천

大千國土　滿中　夜叉羅刹　欲來惱
대천국토　만중　야차나찰　욕래뇌

42) 彼所執刀杖 - 被****

人　聞其稱觀世音菩薩名者,　是諸
인　문기칭관세음보살명자,　시제

惡鬼　尙不能　以惡眼視之　況復加
악귀　상불능　이악안시지　황부가

害.43)　⑥　設復有人44)　若有罪　若
해.　　⑥　설부유인　　약유죄　약

無罪　杻械枷鎖　　檢繫其身　稱觀
무죄　추계가쇄45)　검계기신　칭관

世音菩薩名者　皆悉斷壞　卽得解
세음보살명자　개실단괴　즉득해

---

43) 況復加害 － 況***
44) 設復有人 － 說***
45) 추계가쇄 － 축***, 유***

脫. ⑦ 若 三千大千國土 滿中 怨
탈. ⑦ 약 삼천대천국토 만중 원

賊 有一商主 將諸商人 齎持重寶
적 유일상주 장제상인 재지중보

經過嶮路,46) 其中一人 作是唱言
경과험로,   기중일인 작시창언

'諸善男子, 勿得恐怖, 汝等 應當
'제선남자, 물득공포, 여등 응당

一心 稱觀世音菩薩名號 是菩薩
일심 칭관세음보살명호 시보살

能以無畏 施於衆生. 汝等 若稱名
능이무외 시어중생. 여등 약칭명

---

46) 經過嶮路 - **險**

52

者, 於此怨賊 當得解脫', 衆商人
자, 어차원적 당득해탈', 중상인

聞 俱發聲言 南無觀世音菩薩 稱
문 구발성언 나무관세음보살 칭

其名故 卽得解脫. ⑧ 無盡意, 觀
기명고 즉득해탈. ⑧ 무진의, 관

世音菩薩摩訶薩 威神之力 巍巍
세음보살마하살 위신지력 외외

如是.
여시.

【3】 ① 若有衆生 多於婬欲 常念
　　　① 약유중생 다어음욕 상념

恭敬 觀世音菩薩, 便得離欲. ②
공경 관세음보살, 변득이욕. ②

若多瞋恚 常念恭敬 觀世音菩薩,
약다진에 상념공경 관세음보살,

便得離瞋. ③ 若多愚癡 常念恭敬
변득이진. ③ 약다우치 상념공경

觀世音菩薩, 便得離癡. ④ 無盡
관세음보살. 변득이치. ④ 무진

意, 觀世音菩薩 有如是等 大威神
의, 관세음보살 유여시등 대위신

力 多所饒益. ⑤ 是故 衆生 常應
력 다소요익. ⑤ 시고 중생 상응

心念.
심념.

【4】 ① 若有女人　設欲求男47)
　　　① 약유여인　설욕구남

禮拜供養　觀世音菩薩，便生福德
예배공양　관세음보살，변생복덕

智慧之男. ② 設欲求女48)便生端
지혜지남. ② 설욕구녀　변생단

正有相之女　宿植德本　衆人愛敬.
정유상지녀　숙식덕본　중인애경.

---

47) 設欲求男 − 說或**
48) 設欲求女 − 說或**

③　無盡意,　觀世音菩薩　有如是
③　무진의,　관세음보살　유여시

力.　④　若有衆生　恭敬禮拜　觀世
력.　④　약유중생　공경예배　관세

音菩薩　福不唐捐,　⑤　是故　衆生
음보살　복부당연,　⑤　시고　중생

皆應受持　觀世音菩薩名號.　⑥　無
개응수지　관세음보살명호.　⑥　무

盡意,　若有人　受持　六十二億　恒
진의,　약유인　수지　육십이억　강

河沙　菩薩名字　復盡形　供養　飮食
가사　보살명자　부진형　공양　음식

衣服 臥具 醫藥, 於汝意云何, 是
의복 와구 의약, 어여의운하, 시

善男子 善女人 功德多 不? ⑦ 無
선남자 선여인 공덕다 부? ⑦ 무

盡意言. 甚多 世尊. ⑧ 佛言. 若
진의언. 심다 세존. ⑧ 불언. 약

復有人 受持 觀世音菩薩名號 乃
부유인 수지 관세음보살명호 내

至49)一時 禮拜供養. 是二人福 正
지   일시 예배공양. 시이인복 정

等無異 於百千萬億劫 不可窮盡.
등무이 어백천만억겁 불가궁진.

---

49) 乃至 - *持

⑨ 無盡意, 受持 觀世音菩薩名號
⑨ 무진의, 수지 관세음보살명호

得如是 無量無邊 福德之利.
득여시 무량무변 복덕지리.

【5】 ① 無盡意菩薩 白佛言. 世
      ① 무진의보살 백불언. 세

尊, 觀世音菩薩 云何 遊此娑婆世
존, 관세음보살 운하 유차사바세

界, 云何 而爲衆生說法 方便之
계, 운하 이위중생설법 방편지

力, 其事云何? ② 佛告 無盡意菩
력, 기사운하? ② 불고 무진의보

薩.　善男子,　若有國土衆生　應以
살.　선남자,　약유국토중생　응이

佛身　得度者　觀世音菩薩　卽現佛
불신　득도자　관세음보살　즉현불

身　而爲說法.　③　應以辟支佛身
신　이위설법.　③　응이벽지불신

得度者　卽現辟支佛身　而爲說法.
득도자　즉현벽지불신　이위설법.

④　應以聲聞身　得度者　卽現聲聞
④　응이성문신　득도자　즉현성문

身　而爲說法.　⑤　應以梵王50)身
신　이위설법.　⑤　응이범왕　　신

50) 梵王 : 범천 하느님들의 왕을 말합니다.

得度者 卽現梵王身 而爲說法. ⑥
득도자 즉현범왕신 이위설법. ⑥

應以帝釋身 得度者 卽現帝釋身
응이제석신 득도자 즉현제석신

而爲說法. ⑦ 應以自在天身 得度
이위설법. ⑦ 응이자재천신 득도

者 卽現自在天身 而爲說法.51) ⑧
자 즉현자재천신 이위설법. ⑧

應以大自在天身 得度者 卽現大
응이대자재천신 득도자 즉현대

自在天身 而爲說法. ⑨ 應以天大
자재천신 이위설법. ⑨ 응이천대

51) 應以自在天身 得度者 卽現自在天身 而爲說法이 아예 빠져 있기도 합니다.

將軍身　得度者　卽現天大將軍身
장군신　득도자　즉현천대장군신

而爲說法. ⑩　應以毘沙門身　得度
이위설법. ⑩　응이비사문신　득도

者　卽現毘沙門身　而爲說法.　⑪
자　즉현비사문신　이위설법.　⑪

應以小王52)身　得度者　卽現小王
응이소왕　신　득도자　즉현소왕

身　而爲說法.　⑫　應以長者53)身
신　이위설법.　⑫　응이장자　신

52) 小王 : 일반적인 왕을 말하며, 전륜성왕과 상대되는 말입니다.
53) 長者 : 덕행이 뛰어나고 나이가 많은 사람에 대한 존칭입니다.

得度者 卽現長者身 而爲說法. ⑬
득도자 즉현장자신 이위설법. ⑬

應以居士身　得度者　卽現居士身
응이거사신　득도자　즉현거사신

而爲說法. ⑭ 應以宰官[54]身　得度
이위설법. ⑭ 응이재관　신　득도

者 卽現宰官身 而爲說法. ⑮ 應
자 즉현재관신 이위설법. ⑮ 응

以婆羅門[55]身　得度者　卽現婆羅
이바라문　신　득도자　즉현바라

---

54) 宰官: 관료를 말합니다.
55) 婆羅門 : 인도의 4성(姓)계급 중 최상 계급을 말합니다. .

門身　而爲說法.　⑯　應以比丘56)
문신　이위설법.　⑯　응이비구

比丘尼57)　優婆塞58)　優婆夷59)身
비구니　우바새　우바이　신

得度者　卽現比丘　比丘尼　優婆塞
득도자　즉현비구　비구니　우바새

優婆夷身　而爲說法.　⑰　應以長者
우바이 신 이위설법.　⑰　응이장자

居士　宰官　婆羅門　婦女身　得度者
거사　재관　바라문　부녀신　득도자

---

56) 比丘 : 출가하여 구족계를 받은 남자 스님을 말합니다.
57) 比丘尼 : 출가하여 구족계를 받은 여자 스님을 말합니다.
58) 優婆塞 : 재가의 남자 신도를 말합니다.
59) 優婆夷 : 재가의 여자 신도를 말합니다.

卽現婦女身 而爲說法. ⑱ 應以童
즉현부녀신 이위설법. ⑱ 응이동

男60) 童女61)身 得度者 卽現童男
남　　동녀　신 득도자 즉현동남

童女身 而爲說法. ⑲ 應以天 龍
동녀신 이위설법. ⑲ 응이천 룡

夜叉 乾闥婆 阿修羅 迦樓羅 緊那
야차 건달바 아수라 가루라 긴나

羅 摩睺羅伽62) 人非人等身 得度
라 마후라가　　인비인등신 득도

---

60) 童男 : 대략 4세 이상부터 20세 이하의 남자, 즉 소년을 말합니다.
61) 童女 : 대략 4세 이상부터 20세 이하의 여자, 즉 소녀를 말합니다.
62) 摩睺羅伽 － *喉**

者　即皆現之　而爲說法.　⑳　應以
자　즉개현지　이위설법.　⑳　응이

執金剛神　得度者　即現執金剛神
집금강신　득도자　즉현집금강신

而爲說法.
이위설법.

【6】　①　無盡意,　是觀世音菩薩
　　　　①　무진의,　시관세음보살

成就如是功德　以種種形　遊諸國
성취여시공덕　이종종형　유제국

土　度脫衆生.　②　是故　汝等　應當
토　도탈중생.　②　시고　여등　응당

一心供養 觀世音菩薩. ③ 是觀世
일심공양 관세음보살. ③ 시관세

音菩薩摩訶薩　於怖畏急難之中
음보살마하살　어포외급난지중

能施無畏.63) 是故 此娑婆世界 皆
능시무외.　시고 차사바세계 개

號之 爲施無畏者. ④ 無盡意菩薩
호지 위시무외자. ④ 무진의보살

白佛言. 世尊, 我 今當供養 觀世
백불언. 세존, 아 금당공양 관세

音菩薩. ⑤ 卽解頸 衆寶珠瓔珞
음보살. ⑤ 즉해경 중보주영락

63) 能施無畏 - *於***

價值百千兩金　而以與之64)　作是
가치백천냥금　이이여지　　작시

言. 仁者, 受此法施　珍寶瓔珞. ⑥
언. 인자, 수차법시　진보영락. ⑥

時　觀世音菩薩　不肯受之, 無盡意
시　관세음보살　불긍수지, 무진의

復　白觀世音菩薩言. 仁者, 愍我
부　백관세음보살언. 인자, 민아

等故　受此瓔珞. ⑦　爾時　佛告. 觀
등고　수차영락. ⑦　이시　불고. 관

世音菩薩, 當愍此無盡意菩薩　及
세음보살, 당민차무진의보살　급

64) 而以與之 － *而**

67

四衆 天 龍 夜叉 乾闥婆 阿修羅
사중 천 룡 야차 건달바 아수라

65) 迦樓羅 緊那羅 摩睺羅伽 66)
가루라 긴나라 마후라가

人非人等故 受是瓔珞. ⑧ 即時
인비인등고 수시영락. ⑧ 즉시

觀世音菩薩 愍諸四衆 及 於天 龍
관세음보살 민제사중 급 어천 룡

人非人 等 受其瓔珞 分作二分 一
인비인 등 수기영락 분작이분 일

---

65) 阿修羅 – *脩*
66) 摩睺羅伽 – *喉***

分 奉釋迦牟尼佛 一分 奉多寶佛
분 봉석가모니불 일분 봉다보불

塔. ⑨ 無盡意, 觀世音菩薩 有如
탑. ⑨ 무진의, 관세음보살 유여

是 自在神力 遊於娑婆世界.67)
시 자재신력 유어사바세계.

【7】 爾時 無盡意菩薩 以偈 問曰
이시 무진의보살 이게 문왈

①
世尊妙相具　我今重問彼
세존묘상구　아금중문피

---

67) 遊於娑婆世界 - 游*****

佛子何因緣　名爲觀世音
불자하인연　명위관세음

②
具足妙相尊　偈答無盡意
구족묘상존　게답무진의

汝聽觀音行　善應諸方所
여청관음행　선응제방소

③
弘誓深如海　歷劫不思議
홍서심여해　역겁부사의

侍多千億佛　發大淸淨願
시다천억불　발대청정원

④

我爲汝略說　　聞名及見身
아위여약설　　문명급견신

心念不空過　　能滅諸有苦
심념불공과　　능멸제유고

⑤

仮使興害意　　推落大火坑
가사흥해의　　추락대화갱

念彼觀音力　　火坑變成池
염피관음력　　화갱변성지

⑥

或漂流巨海　　龍魚諸鬼難
혹표류거해　　용어제귀난

念彼觀音力　波浪不能沒
염피관음력　파랑불능몰

⑦

或在湏彌峯68)爲人所推墮
혹재수미봉　위인소추타

念彼觀音力　如日虛空住
염피관음력　여일허공주

⑧

或被惡人逐　墮落金剛山
혹피악인축　타락금강산

念彼觀音力　不能損一毛
염피관음력　불능손일모

68) 或在湏彌峯 - **須**

⑨

或值怨賊繞69) 各執刀加害
혹치원적요　각집도가해

念彼觀音力　咸卽起慈心
염피관음력　함즉기자심

⑩

或遭王難苦　臨刑欲壽終
혹조왕난고　임형욕수종

念彼觀音力　刀尋段段壞
염피관음력　도심단단괴

69) 或值怨賊繞 － ****遶

⑪

或囚禁枷鏁　手足被杻械
혹수금가쇄　수족피추계

念彼觀音力　釋然得解脫
염피관음력　석연득해탈

⑫

呪詛諸毒藥　所欲害身者
주저제독약　소욕해신자

念彼觀音力　還着於本人
염피관음력　환착어본인

⑬

或遇惡羅刹　毒龍諸鬼等
혹우악나찰　독룡제귀등

念彼觀音力　時悉不敢害
염피관음력　시실불감해

⑭
若惡獸圍遶70)利牙爪可怖
약악수위요　이아조가포

念彼觀音力　疾走無邊方
염피관음력　질주무변방

⑮
蚖蛇及蝮蝎　氣毒烟火燃
완사급복갈　기독연화연

念彼觀音力　尋聲自迴去
염피관음력　심성자회거

---

70) 若惡獸圍遶 - ****繞

⑯
雲雷鼓掣電　降雹澍大雨
운뢰고체전　강박주대우

念彼觀音力　應時得消散
염피관음력　응시득소산

⑰
衆生被困厄　無量苦逼身
중생피곤액　무량고핍신

觀音妙智力　能救世間苦
관음묘지력　능구세간고

⑱
具足神通力　廣修智方便
구족신통력　광수지방편

十方諸國土　無刹不現身
시방제국토　무찰불현신

⑲
種種諸惡趣　地獄鬼畜生
종종제악취　지옥귀축생

生老病死苦　以漸悉令滅71)
생로병사고　이점실령멸

【8】①
眞觀淸淨觀　廣大智慧觀
진관청정관　광대지혜관

悲觀及慈觀　常願常瞻仰
비관급자관　상원상첨앙

---

71) 以漸悉令滅 － *漸***

②

無垢清淨光　慧日破諸闇
무구청정광　혜일파제암

能伏灾風火72) 普明照世間
능복재풍화　보명조세간

③

悲體戒雷震　慈意妙大雲
비체계뢰진　자의묘대운

澍甘露法雨　滅除煩惱焰
주감로법우　멸제번뇌염

_____

72) 能伏灾風火 － ＊＊災＊＊

④
諍訟經官處　　怖畏軍陣中
쟁송경관처　　포외군진중

念彼觀音力　　衆怨悉退散
염피관음력　　중원실퇴산

⑤
妙音觀世音　　梵音海潮音
묘음관세음　　범음해조음

勝彼世間音　　是故湏常念[73]
승피세간음　　시고수상념

73) 是故湏常念 - **湏**

⑥

念念勿生疑　觀世音淨聖
염염물생의　관세음정성

於苦惱死厄　能爲作依怙
어고뇌사액　능위작의호

⑦

具一切功德　慈眼視衆生
구일체공덕　자안시중생

福聚海無量　是故應頂禮
복취해무량　시고응정례

【9】①　爾時　持地菩薩　卽從座
　　　①　이시　지지보살　즉종좌

起 前白佛言. 世尊, 若有衆生 聞
기 전백불언. 세존, 약유중생 문

是 觀世音菩薩品 自在之業 普門
시 관세음보살품 자재지업 보문

示現 神通力者, 當知 是人功德
시현 신통력자, 당지 시인공덕

不少. ② 佛說 是普門品時 衆中
불소. ② 불설 시보문품시 중중

八萬四千衆生 皆發 無等等 阿耨
팔만사천중생 개발 무등등 아누

多羅三藐三菩提心.
다라삼먁삼보리심.

終

觀音菩薩精勤
관음보살정근

南無 普門示現 願力弘深
나무 보문시현 원력홍심

　　　大慈大悲 救苦救難
　　　대자대비 구고구난

'觀世音菩薩 … 觀世音菩薩 …'
'관세음보살 … 관세음보살 …'

滅業障眞言
멸업장진언

옴 아르늑계 사바하(세번)

具足神通力 廣修智方便[74)]
구족신통력 광수지방편

十方諸國土 無刹不現身
시방제국토 무찰불현신

故我一心 歸命頂禮
고아일심 귀명정례

---

74) 일부 의식집에는 廣修諸方便으로 되어 있으나 유통되고 있는 모든 관음경 7장 18
절에는 본문과 같습니다.

용어 해설

불교(佛敎): 나쁜행동 하나라도 하지마시고, 　諸惡莫作(제악막작)

　　　　　 착한행동 빠짐없이 모두하시고, 　衆善奉行(중선봉행)

　　　　　 깨끗하고 맑은마음 가지십시오. 　自淨其意(자정기의)

　　　　　 이세가지 일곱부처 불교입니다. 　是諸佛敎(시제불교)

　　　　　　　　　　　　　　　　　　　　　　　(법구경 여래품)

독송용 관음경에 꼭 필요한 용어에 대해서 최소한의 해설만을 제시합니다. 자세한 용어해설은 다른 자료를 참고하시기 바랍니다.

강가강 : ① 인도 현지에서는 강가강이라고 합니다. ② 영어권에서는 갠지스 강이라고 합니다. ③ 중국 한자어에 대해 중국인들은 강가강이라고 합니다. ④ '중국 한자어에 대해 한국에서만 항하라고 읽었습니다. 따라서 '강가강'이라고 하는 것이 적절합니다.

거사(居士) : 재가의 남자 신도를 말합니다. 일반적으로 재가 남자 신도의 법명(法名) 다음에 붙여서 부릅니다.

겁(劫) : ① 대개의 경우 긴 세월의 단위로 사용됩니다. ② 범천의 하루, 즉 인간세계의 사억 삼천이백만 년을 말합니다. ③ 개자겁 ; 둘레 40리의 성에 개자를 가득 채운 후 3년마다 한 알씩 가지고 가서, 개자가 없어질 때까지의 시간을 말합니다. ④ 반석겁 ; 둘레가 40리 되는 돌을 '하느님들이 입는 매우 가벼운 비단 옷'으로 3년마다 한번씩 스쳐 지나가서, 돌이 전부 닳아 없어질 때까지의 시간을 말합니다.

공덕 : 세 차원에서 생각할 수 있습니다. '① 착한 행동을 하여 복덕을 쌓음, ② 착한 행동을 하여 쌓은 복덕이 누적되어 있음, ③ 자신의 복덕을 누림'의 뜻으로

사용할 수 있습니다. 그러나 공덕을 쌓으면서도 공덕을 쌓았다는 생각 그물에 걸리지 않아야 참으로 공덕을 쌓았다고 할 수 있습니다. 특히 부처님의 말씀을 받아 지녀 독송하거나 남에게 설해 주는 것이 최상의 공덕입니다. 부처님의 경전을 가까이 하고, 남들에게 경전을 보시하여 많은 공덕을 쌓기를 기원합니다.

공양 : 매우 광범위한 의미를 가지고 있는 말입니다. 간략하게 ① 식사한다, ② 부처님이나 부모님, 스승님, 죽은 이 등께 재물을 바친다, ③ 부처님의 가르침을 실천한다 등의 의미가 있습니다.

관세음 보살 : 관자재 보살, 관음 보살이라고도 합니다.

관세음 보살! : 관세음 보살님의 명호를 염송할 때에는, '나무 관세음 보살!' 혹은 '관세음 보살님!', '나무 관세음 보살님!' '관세음 보살!'로 할 수 있으나 통상 '관세음 보살!'이라고 염송합니다.

관음경 : 법화경(묘법연화경)의 관세음보살보문품을 간략히 관음경이라고 합니다.

관음 보살 : 관세음 보살의 다른 이름입니다.

관자재 보살 : 관세음 보살의 다른 이름입니다.

금은보화 : 보물을 통칭하는 말입니다. 통상 칠보 혹은 사보를 말합니다. 본문에서의 금은보화는 영어본에서는 11개의 보물이 나열되어 있고, 중국 한자어본에서는 여덟 종류가 나열되어있어 현재로서는 확인할 길이 없습니다. 그러나 불교에서는 통상 칠보나 사보를 최상의 보물 혹은 보물 전체에 대한 통칭으로 사용합니다. 칠보, 사보.

나찰 : ① 사람의 혈육(血肉)을 먹는 악귀, 즉 식인귀의 통칭으로 쓰여지기도 하며, 지옥 귀신·악한 귀신·질병귀신 등으로 부르기도 합니다. 그러나, ② 부처님 법의 교화를 받은 후에는 착한 귀신, 4천왕 중의 한 분인 북방 비사문천의 권속으로 바뀝니다.

단락 구분 : 관음경은 단락 구분을 발견하지 못했습니다. 그래서 할 수 없이 서론을 1장, 칠난에서의 해탈을 2장, 삼독에서의 해탈을 3장, 관세음 보살!의 복을 4장, 설법방편을 5장, 중간 결론을 6장, 게송을 7장, 게송 중 무진의 보살의 찬탄을 8장, 총결을 9장으로 하였습니다. 일러두기에서도 언급하였지만, 장과 절을

구분한 것은 독송이나 설법, 연구를 용이하게 하기 위해서입니다.

대자재천(大自在天) : ① 시방세계는 물론 허공계까지도 마음대로 다닐 수 있는 하느님을 말합니다. ② 외도들은 이 신이 기뻐하면 중생이 편하고 이 신이 성내면 중생이 괴롭다고 합니다.

바라문 : 고대 인도 계급 사회에서 네 계급 중 최상의 계급을 말합니다. 임금보다 윗자리에 있었으며, 신의 후예라고 자칭하며, 다른 세 계급을 장악하였습니다.

범천 : 욕계의 음욕을 여의어서 항상 깨끗하고 조용한 하늘을 말합니다. 여기에는 범중천·범보천·대범천이 있습니다. 때로는 범천 하늘의 왕을 범천이라고 하기도 합니다. 부처님이 나신 곳인 인도를 지칭하는 경우도 있습니다.

벽지불 : 부처님을 만나지 않고 수행을 통해 스스로 깨달은 사람을 말합니다. 꽃이 피거나 잎이 떨어지는 등의 외부 인연에 따라 깨달았다고 해서 연각이라고도 하고, 혼자서 깨달았다는 의미에서 독각이라고도 합니다.

비사문 : 야차·나찰을 영솔하여, 북방 하늘을 수호하며 사람들에게 복을 주는 하느님. 북방천 하느님이라고도 합니다.

사바 세계 : 통상 오탁악세 사바세계라고 합니다. 오탁악세.

사보(四寶) : 금·은·파란 옥·수정을 말합니다. 모든 보물에 대한 총칭으로도 사용됩니다.

사부대중 : 본문에 있는 대로 '남자 스님·여자 스님·남자 신도·여자 신도'를 통칭하는 말입니다.

삼독 : 탐(貪; 탐애, 탐욕)·진(瞋; 진에, 분노)·치(癡; 치암, 무지)를 말합니다. 중생의 선한 마음을 해치는 가장 근본적인 번뇌를 독에 비유한 것입니다.

삼선도(三善道) : 육도 중에서 지옥·아귀·축생을 제외한 하느님·인간·아수라를 말합니다.

삼악도(三惡道) : 육도 중에서 하느님·인간·아수라를 제외한 지옥·아귀·축생을 말합니다.

삼천대천세계(三千大千世界) : 세계는 인간이 인식할 수 있는 우주를 말합니다. 소천 세계는 세계의 1,000배 되는 세계이며, 중천 세계는 다시 1,000배, 대천 세계는 다시 1,000배 되는 세계를 말합니다. 따라서 하나의 대천세계는 '세계의 1,000,000,000배되는 세계'를 의미하며, 삼천대천세계는 다시 대천세계의 1,000,000,000배 세계이므로, 세계의 1,000,000,000,000,000,000배 되는 세계를 말합니다.

새천년 육하원칙 : 전통적으로 육성취(六成就)라고 하였습니다. 모든 불경은 원칙적으로 ① 누가 ② 누구랑 ③ 언제 ④ 어디서 ⑤ 어떻게 하시는 것을 ⑥ 누가 보고 들었는지의 새천년 육하원칙(육성취)으로 시작되어야 합니다. 그러나 관음경은 법화경의 일부(관세음보살보문품)이기 때문에 육하원칙이 나타나 있지 않습니다. 지난 천년의 육하원칙은 "언제, 어디서, 누가, 무엇을, 왜, 어떻게"이었는데, 이 중에서 "왜"는 과학적으로 영원히 밝힐 수 없다는 것이 확인되었고, "무엇"은 "어떻게"에 포함되어 있는 사항입니다. 최근 언론에서도 소위 기사 실명제라는 것이 도입되면서, "누가 보고 들었는지?"가 관심의 초점이 되고 있습니다. 또 "누구랑"도 매우 중요합니다. 따라서 불교에서 말하는 육성취, 즉 불교 육하원칙이 새 시대, 새 천년의 육하원칙이 되어야 할 것입니다. 그런데, 필자가 본 한글 불경의 경우, 전부 "이와 같이 나는 들었다" 혹은 이와 유사한 형태로 시작되고 있었습니다. 누구에게서 들었다는 말입니까! "1,250명"이라는 말을 누구에게 들었단 말입니까! 육성취, 육하원칙은 한 문장에 들어있어야 할 것입니다. ① 누가 ② 누구랑 ③ 언제 ④ 어디서 ⑤ 어떻게 하시는 것을 ⑥ 누가 보고 들었는가?의 불교 육성취는 새천년 육하원칙입니다.

성문 제자(聲聞 弟子) : 부처님께 직접 설법을 들었던 제자를 말하며 간략히 성문이라고도 합니다. 가장 대표적인 성문 제자를 십대제자라고 하며, 다음으로 십대제자와 여섯 제자를 합쳐서 십육성이라고 하며, 500아라한, 1,250명의 제자, 12,500명의 제자 등 여러 표현들이 있습니다. 때로는 대승을 알지 못한다는 부정적 의미로 사용되기도 합니다. 참고로, 불교를 공부하는 사람을 성문(성문 제자), 연각(부처님의 가르침을 받지 않고 혼자 깨달음을 이루었다는 의미에서 독각이라고도 함), 보살(대승 보살이라고도 함)로 구분하기도 합니다. 십대제자, 십육성.

시방(十方) : ① 동·남·서·북·북동·남동·남서·북서·하방·상방을 말합니다. ② 서양에서는 지구 혹은 우주를 4각형으로 보기 때문에 반대 개념을 사용하여 동-서, 남-북으로 보았으나, 동양 특히 불교에서는 무한 혹은 원으로 보았기 때문에 사방을 동-남-서-북으로 보았습니다. ③ 오방은 동·남·서·북·중앙을 말합니다. ④ 육방은 동·남·서·북·하방·상방을 말합니다. ⑤ 팔방은 동·남·서·북·북동·남동·남서·북서를 말합니다. 그러나 사방, 오방, 육방, 팔방, 시방은 구분되어 사용되기도 하지만, 모든 방향이라는 동의어로 사용되는 경우가 많습니다.

십대제자(十大弟子) : 부처님의 가장 대표적인 열 분의 제자 즉 ① 지혜제일 사리불(자)님· ② 신통제일 목(건)련님· ③ 두타제일 가섭님· ④ 논의제일 가전연님· ⑤ 문답제일 구치라님· ⑥ 다문제일 아난다님· ⑦ 밀행제일 라후라님· ⑧ 설법제일 부루나님· ⑨ 지계제일 우바리님· ⑩ 천안제일 아누루다(아나율)님을 말합니다.

십육성(十六聖) : 부처님의 가장 대표적인 제자 열여섯 분을 말합니다.

아미타 부처님 : 아미타 부처님이라는 말에는 세 가지 의미가 있습니다. ① 범어 Amitayus, 무량광불(無量光佛). ② 범어 Amitabha, 무량수불(無量壽佛). ③ 범어 Amita, 무량광(無量光)과 무량수(無量壽)의 의미를 동시에 포함하는 부처님, 즉 무량불(無量佛).

악도(惡道) : 삼악도(三惡道)와 동의어입니다. 지옥·아귀·축생을 말합니다.

야차 : ① 포악 귀신, 하늘 야차·허공 야차·땅 야차가 있습니다. ② 부처님 법의 교화를 받은 후에는 착한 귀신이 되며, 나찰과 함께 비사문천왕의 권속으로 북방을 수호합니다.

오탁(五濁) : 겁탁(劫濁), 견탁(見濁), 번뇌탁(煩惱濁), 중생탁(衆生濁), 명탁(命濁)의 총칭입니다. ① 겁탁(劫濁 ; 세월이 탁함)은 기아, 전쟁, 질병, 사고, 천재지변 등의 사회적 재앙이고, ② 견탁(見濁 ; 생각이 탁함)은 업탁(業濁)이라고도 하며, 사악하고 나쁜 견해와 나쁜 교법이 부산하게 일어나 선을 닦는 이가 없고 세상이 어지럽게 되는 것이고, ③ 번뇌탁(煩惱濁 ; 번뇌가 탁함)은 탐진치의 정신적인 번뇌가 극성스럽게 일어나 중생의 몸과 마음을 흐리고, 어지럽게 하는 것이고, ④ 중생탁(衆生濁

; 중생이 탁함)은 중생의 마음이 저하되며, 중생들이 스스로 부른 재앙으로, 몸이 작아지고, 힘이 약해지고, 옳지 못한 생각이 일어나고, 병이 자주 생기는 것이고, ⑤ 명탁(命濁 ; 수명이 탁함)은 인간의 수명이 줄어드는 것이며, 세상 악업이 늘어나므로 사람의 목숨이 짧아져 백 년을 살기도 드물게 되는 것을 말합니다.

육도(六道) : 하늘 세상, 인간 세상, 아수라 세상, 축생 세상, 아귀 세상, 지옥 세상 혹은 각 세상에 사는 중생들, 즉 하느님, 인간, 아수라, 축생, 아귀, 지옥 중생을 말합니다.

자재천(自在天) : 시방 세계를 마음대로 다닐 수 있는 하느님을 말합니다.

제석천(帝釋天) : 불교 우주관의 중심 산인 수미산의 정상부에 있는 도리천의 제왕을 말합니다. 불법을 보호하고 불법에 귀의하는 사람들을 보호합니다. 인도 신화상의 인드라(Indra) 신이 불교에 수용된 것입니다. 제석(帝釋), 천제석(天帝釋), 석제(釋帝), 석제환인(釋提桓因), 석제환인다라(釋提桓因陀羅), 천주(天主), 능천주(能天主), 능천제(能天帝) 등으로 불리웁니다.

중생 : 육도(하늘, 인간, 아수라, 축생, 아귀, 지옥)를 윤회하는 생명체를 통칭하는 말입니다.

지지 보살 : 하늘을 관장하는 보살을 천장 보살이라고 하며, 땅 위를 관장하는 보살을 지지 보살이라고 하며, 지옥, 즉 땅 속을 관장하는 보살을 지장 보살이라고 하기도 합니다.

집금강신 : 손에 금강저를 들고 불교를 수호하는 신. 집금강, 금강신, 지금강, 금강수, 금강력사라고도 합니다.

최고의 바른 깨달음 : 무상정등각을 말합니다. 최상의 큰 깨달음이라고 하기도 합니다. 그러나 현재 한국에서 최고봉과 최상봉은 구분되어 사용되며, 어느 봉보다도 높은 봉은 최고봉이라고 하고, 비교하여 최상급에 속하는 봉은 최상봉이라고 하므로 무상을 최고로 번역하였고, 정등은 '큰'보다는 '바른'이 더 적절하다는 지적이 있어 바른으로 번역하였습니다.

칠난 : 본문에 있듯이 ① 화(火), ② 수(水), ③ 풍(風), ④ 검(劍), ⑤ 귀(鬼), ⑥ 옥(獄), ⑦ 적(賊)을 '칠난'이라고 합니다.

칠보(七寶) : "금 · 은 · 파란 옥 · 수정 · 하얀 산호 · 빨간 진주 · 푸른 옥"을 말합니다. 금(金) · 은(銀) · 산호(珊瑚) · 진주(眞珠) · 자거(車渠) · 명월주(明月珠) · 마니주(摩尼珠)가 제시되기도 하며, 전륜성왕(轉輪聖王)이 지니고 있는 금륜보(金輪寶) · 백상보(白象寶) · 감색마보(紺色馬寶) · 명월주보(明月珠寶) · 옥녀보(玉女寶) · 장성신보(藏聖臣寶) · 도도신보(導道臣寶) 등을 말하기도 합니다. 사보와 함께 모든 보물을 통칭하는 말이기도 합니다.

팔부신중 : '하느님 · 용 · 야차 · 건달바 · 아수라 · 가루라 · 긴나라 · 마후라가 인비인'을 통칭하는 말입니다. 팔부중 혹은 팔부중생이라고도 합니다. '인비인'은 팔부신중에 대한 총칭이기도 하고, 긴나라와 동의어로 사용되기도 하고, 사람과 사람 아닌 이에 대한 총칭으로 사용되기도 합니다. 여기서는 팔부신중 전체에 대한 총칭으로 보입니다.

합장 : 두 손바닥을 마주하여 가슴 앞에 두는 행동을 말합니다. 모든 종교에서 가장 거룩한 행동으로 간주합니다. 그런데 불교에서는 일반 사람에 대해서도 합장을 합니다. 특히 손가락만 합치고 손바닥은 합치지 않는 것은 마음이 거만하고 생각이 흩어졌기 때문이라고 보아 꺼립니다.

역자 발문

행복훈련과 불교

역자는 심리학 교수입니다. 더 분명히 말하면 상담심리전문가, 심리치료자, 정서·행동 장애아 교육학자입니다. 서양 이론들의 한계를 극복하고자 동양의 지혜를 심리상담에 접목시키려 하던 중 '행복훈련'을 개발하였습니다. 행복훈련 참석자들은 거의 전원이 '자신을 위대한 성현으로 존경하고, 가족·이웃을 자신의 몸과 같이 사랑할 수 있는 격한 경련'을 경험합니다. 정상인은 물론이고 우울증·불안·강박증·불면증 등의 신경증 환자와 정신분열증 진단환자까지도 상당한 호전을 보이며 인생 최고의 행복을 체험합니다. 서양의 어떤 심리상담에서보다도 많은 행복을 주었다고 자부합니다.

행복훈련이 성공을 거두었던 가장 큰 이유는 아마도 동양의 지혜에 대한 관심이었을 것으로 봅니다. '동양의 지혜'라면 누가 뭐라 하여도 불교입니다. 불교라면 누가 뭐라 하여도 금강경입니다. 20대 초반에 시작된 동양 유랑은 50이 되면서 초점을 잡고 금강경을 공부하게 되었습니다. 금강경을 독송하던 중, 필자는 '근원도 알 수 없는, 나 자신의 저 깊고 깊은 곳에서 생명의 빛이 흘러나오는 것'을 발견했습니다. '나와 모든 생명이 함께 하는 빛, 생명의 빛'이 나의 깊은 곳에서 나오고 있었습니다. 나의 웃음 속에 묻어 있던 공허함은 급격히 감소되고 나의 웃음은 더 우렁차게 되었습니다. 여러 신비체험들은 감히 여기 싣지 않겠으나, 날씨와는 무관하게 밖에서 불어오는 법풍(法風, 진리의 바람)은 필자의 몸과 마음을 지금도 가끔씩 시원하게 해 주고 있습니다. 상담심리학자로서의 필자는 '남을 위한 행복훈련'의 작은 집에서 벗어나 '나와 남을 함께 행복나라로 안내하는 진정한 행복훈련자'가 되어 가고 있습니다.

혼자 보기가 너무 안타까워서 선배·동학들과 뜻을 보아 현대어로 번역하고 무비스님의 권유로 출간한 것이 인연이 되어 지금은 행복훈련보다 불교 경전 번역에 더 강력한 추진력을 갖게 되었습니다.

고맙습니다

역자가 부처님 말씀을 번역하여 출간할 수 있게 된 배경에는 너무나 많은 분들의 은혜가 있었습니다. 도저히 존함들을 나열할 수 없을 정도로 많습니다. 다음 분들에게 특히 많은 은혜를 입었습니다.

첫 고마움은 아무래도 용성스님을 비롯 앞서 이 길을 걸었던 많은 불경 번역가들에게 전해야 할 것 같습니다. 중국인들조차 거의 읽지 못하는 고대 중국한어를 번역하느라 참으로 수고하셨습니다. 화화회(화엄경과 화이트헤드를 연구하는 모임)에서 발표한 저의 초역은 선배 번역가들의 번역을 약간 현대어로 바꾼 것에 불과합니다.

둘째 고마움은 안형관 선배님과 강수균 선배님을 비롯한 화화회 회원들에게 드려야 할 것 같습니다. 사독비나 회의비는커녕 식사비조차도 각자 지참하면서 몇 년에 걸쳐 매주 몇 시간씩 원고를 교정해 주고 가르쳐 주신 두 분 선배님과 강태진, 전영숙, 김정자, 김정옥, 박호진, 조현재, 이근배, 왕가년, 송위덕, 최경희, 이희백, 정기언, 최명식, 권현용, 박정숙, 황경열, 최송실, 김남희, 박현조, 김연지, 고원자, 전태옥, 이경순 회원님들을 비롯한 수많은 회원들에게 깊은 감사를 드립니다.

셋째 고마움은 무비스님께 올려야 할 것 같습니다. 천진난만하시며(?), 대자대비에도 걸리지 않으시는 '살아계시는 대 성현의 모습'을 보여 주시고, 자상한 가르침을 베풀어 주셨습니다. 금강경에 대해서는 감수를 해 주셨고, 그것도 모자라 보현행원품에서부터는 공역자의 자리에까지 내려와 주셨습니다. 황송하고 황망할 뿐입니다. 참으로 고맙습니다.

역자가 번역한 불경들의 출간을 허락해 준 출판사에 감사드립니다. 역자의 번역들은 단행본은 계약 출판사에 출판권이 있으나, 각 사찰의 신행 수첩이나 다른 출판사의 불교 성전 혹은 인터넷에서도 활용할 수 있습니다. 그렇지만, 역자의 서

면 동의를 받은 후에 사용해 주시면 고맙겠습니다. 신행 수첩 등에 활용할 수 있
도록 협조해 주신 출판사에 진심으로 감사드립니다.

　.더불어,　정기법회·환영법회·수계법회·이사법회·개업법회·가정법회·참회
법회·합격기도법회·창립기념법회·명절법회·신년법회·송년법회　등을　고대
중국 한자말이 아닌 현대 한국말로 봉행하고자 하는 종단이나 사찰 혹은 신도님
들께서 연락주시면 화화회와 필자가 열과 성을 다하여 명을 받들겠습니다.

　　　　　　모두 모두 부처님 되십시오. 대심 조현춘(011-809-5202) 합장.

무비(無比) 스님
· 범어사에서 如幻 스님을 은사로 출가·해인사 강원 졸업
· 통도사 강주(역임)·조계종 종립 승가대학원 원장(역임)
· 조계종 교육원장(역임)·범어사 승가대학장(현)
· http://cafe.daum.net.yumhwasil
· 역·저서 : 보살계를 받는 길, 작은 임제록, 이와 같이 살았으면, 사람이 부처님이다, 금강경 이야기,
          금강경오가해, 한글 화엄경(12권), 무비스님과 함께 하는 불교공부, 지장경 강의 등.

대심(大心) 조현춘
· 경북대학교 심리학과 교수(현)·법륜불자교수회 회장(역임)
· 행복훈련원 지도교수(현)·화엄경과 화이트헤드연구회 회장(현)
· 한국동서정신과학회 회장(역임)
· 홈: www-2.knu.ac.kr/~happiness 한국동서정신과학회 행복교실
· 저·역서 : 심리상담과 치료의 이론과 실제, 성격심리학, 아동이상심리학, 실험심리학,
          집단심리상담의 이론과 실제, 일상 심리학의 이해, *The Diamond Sutra* 등.

무비 스님과 조현춘 교수의 공동 역서
  ① 한글세대를 위한 독송용 지장경,   ② 한글세대를 위한 독송용 관음경,
  ③ 한글세대를 위한 독송용 불유교경,   ④ 한글세대를 위한 독송용 백팔대참회문,
  ⑤ 한글세대를 위한 독송용 금강경,   ⑥ 한글세대를 위한 독송용 아미타경,
  ⑦ 한글세대를 위한 독송용 보현행원품, ⑧ 한글세대를 위한 독송용 예불문(천수경),
  ⑨ 한글세대를 위한 독송용 일반법회,   ⑩ 한글세대를 위한 독송용 매일법회

한글세대를 위한 독송용 관음경

초판 1쇄 발행/2004년 4월 26일 ■ 초판 2쇄 발행/2011년 1월 20일

공역/무비·조현춘
펴낸이/김시열
펴낸곳/도서출판 운주사

주소/서울시 성북구 동소문동 6가 25-1 청송빌딩 3층
Tel/02)926-8361, Fax/02)926-8362

값 5,500원

잘못된 책은 바꾸어 드립니다.